Милорад Ђапић
ЧЕСТИЦЕ

Уредник
Новица Тадић

Ликовна опрема
Милан Милетић

Милорад Ђапић
ЧЕСТИЦЕ

песме

РАД | Београд

Неукроћено лакомислена

Руе
Витко назубљена утеха
Без окућнице

Прележано изједена
Дуж заветованих обруба

У грбу
Некажњена

Даха склопивог
Паре се оскоруше
Засењене

Ниска је земља
Утабана

Незакупиво место цветања

Избраздан длетом беспоштедним

Узнемирен
Жлебовима зимзеленим

Раскован

Без сврхе обилан

Надаље
Резбарен покорно

Лика видљивог
Промрзло зачето

Изнуђен храпави језик
Ишчупан

Преваљен сместа
Истргнут

Препричан драгоцен знак
У вери
Нелагодној

Немој

Јењавајуће оштровид

Безгласно
Удова посребрених
Газећи приобаљем
Пустаре бритке
Надоблачне

Ниоткуд иње
У многообразној сенци
Језика
Прострто

Шкргутаво
Замишљеном зебњом
Престигнута
Звецкајућа исповест

Прерушен клин
У равнодушности гранита
Оклева

Мутној немаштини праха
Сјактеће прочеље
Изложено

У расплетеној несаници
Опело Пољу
Борави

Трновита дојка
Одвојена
Од пупка озлеђеног

У крв потопљеног

Уз опседнут
Преминули храм
Расклопљен

Бусен поуздан

Шумно одмичући
Прионувши уз стег
Преморен

Нагомилана јадиковка

У презасићеном сиротовању
Заробљена
Пресушена пречица
Хромо укотвљена

Уплетено слепило надвикује
Горду
Посмртну коштицу

Вијугав траг
Проречен
Кроз бакљу
Завичајног дрвореда

Колебљива
Угошћена успомена
Крмани
Ка распуклом откуцају урне

Жањеш на ломном боку
Наге осаме

Уистину муклост
Мозаична
Несастављива

Издахнута
Тек затрепери

(Пшенично дозивање
У повереном привиђању)

Неумрла

Испрошена
Утеха изнемогла

Безвремено кружи
Снага јалова

Без нежности исцељења

На прагу
Безименом
Трне јасност
Рођења

Превратнички разношен
Преображен процеп

Непремерен

У укоченим наборима
Зујеће спокојство

Овоземаљски разједено
Зането спаљује

Кратковечно замонашена искреност

На раскрсницама покореним
Глатки добош невоље
Најављује
Самоћу строфе
Још нестворене

Медуза уживања
Шумски зри
Струји
Нај•дном у плоду

Исказан једри
Неопоменут
Напитак у ломној посуди

Поодмакло приљубљена
Гипка
Лажно озвездана
Недовршена празнина

Завирује
Кривудаво мукла
Непроходна
Речитост поспана

Уздахом
Осенчено
Завојито дотурено

Растворен

Без наноса
Немо завртложен

Двојни свршетак
Прогрушано горак
Незацељен

Обезначен
Завичајни хербаријум

Горко зањихан

Узалуд
Опонашајући углачан траг
Крстари неизмирено

Помућено сабрано
Стрмо
Урезано нестрпљење

Неправедно дохваћено
Крилом суседним
Пунолетним

Изнад пиштаве колевке
Обешчашћен разоритељ

Јалова
Умножена свемоћ
Без кајања

Мимо мртвог рибњака
Црпљени одблесак

У промењеном распореду
Наискап савладавши
Неутешно тврд занос

Тек постојимо
Кроз жмиркаво одрицање
У неотвореној јасности одбијања

Вођено даноноћно
У глувој прегршти
Одбројаној

Сејачу ревносном
Бесцветно затворено

Приписано памћење

Сរученом без подршке
У осветљеност
Покорности

Неподмићено међу нама
Извирује
Плаховито
Уклоњено обележје
Обуздане сестре ништавила

Разњихано нељудско

Препуно

Обмањује
Сврнута
Опрезна нежност у рушевинама

Горко укроћена

Заспала
Клија
Видовита оставштина
Засужњена

Северно
Сабира
Трепавица седа
Опчињена

Варничи
Бездоман у скровишту
Потиштено засвођен
Ожиљак

Захваћен
У слуху
Нанос сиромашан

На немуштом спруду
Исељивом
Тишти у глаголима
Згњеченим

Непогрешиво обнављано прогонство

Недоречено
Устрајава
Густа безгрешност
Залутала

Од гнезда помраченог
Роминьајући
Одмиче се
Несклад пробуђен

Погребен
Трули плод светковине

Тешко разабран
Гнев
Лепо истесан

Наспрам бакрореза
Сећања
Сумња извезена

Безбедно одвојен
Утонуо

Упркос дошљаку
Гроб помилован
Нерањив

С подјармљеном жеравицом
Дељиво сродство

Предачки истоветно

Несачуван прамен
Под градом

Несачуван

Љуспајући се
Краљевски ненаговорљиво
Светиљка коначна
Проливена

Заогрнуто
Посвећено жарење
Заветно ушивено

Извору бесповратно
Неосвојено старешинство
Одбачених

Пространих празника

Неспокојни накит жудње
Вређа старост
Густо сањану

На другој обали

Бескорисно почива
Недељива јасност
Влакнасто испеваног
Прибежишта

Тиштећа
Опозвана речи

Безгласно

У другом животу
Лута

Ожиљак прогнани

Тискају се
Оседеле гримасе
Прошлости сеновите
Неупотребљене

Безводно
Снегом досањано

Зебе
Усахли глас
Латични

Посмртно забачен
Бол

Подложан узмаку
Пред несаницом
Петељке видовите

Уз потомство
Разграбљено

Мразом прекопано

Смоласто равнотежна

Прибрана
Распозната једнина
Шкрипи

Читљиво зјапећа

Оловно искрен
Наоружан очај
Шумно надраста

Забрањен расцват у насеобини
Проходне језе
Суварка

Исељена
Нагађана младица
Од јесењег читача
Укоченог

Једноставно заорано
Кружно доба
Оголело

Подињем

Присвојена тишина
Брезе
Изгнане

Привремено разјашњена
Милошћу спавача
Избразданог

Мразом осветљен
Ходочасти
Погубљен у успомени огрубелој

Кривудаво
Пљоснато ћутање
Изнад сржи запечаћене

Очњак предаје
Дубоко
У издвојености шкољке
Чистину позлеђености

Докрајчен предах

Мрвећи згрудвану усамљеност
Примљено навире
Пецкајући

Одричући се
Збрканог додира
Несмрзнутог

Кроз вечерњу пукотину
Струји
Надјачава слап
У рани засејано

И успињање
Без одморишта грозничавог
Набрано

Јалово

Рже
У свиластим дупљама
Сеобом предсказано
Сиромаштво бразготине
Повлашћене

Засужњен дрхтај
Најзеленији
Здружује неизбројано

Отето
И раздрто
Без подстрека

Разодевено

Мимоиђен
Час истинољубив
Сањари потхрањен

Истргнута
Притиче посебност
У праху незастарива

Раздешен безлични смирај

Владарски несагледив попис
Сакати
Прогнан високи обичај

У раскораку оплођен

Копни
Плен обран
Варварски бодро оњушен

Смирује
Сутрашњи благи хрт
Најређи

Неподмитљив у раздору

Огребе
Најкраћа вера
У обиљу стечена

Лов
Без упутства

Зрнца искушења

Преображен моли
Наједен
Зинуо рез

Споро приступа
Облепљено у напрслини
Дубоко

Одблесак

Шкољке сећања
Самотног раздирања
Једва чујног
Искрзаног

Неразорен шапат

Крцка
Храпаво пробуђен
У самртном честару

Стиснутог даха
Усрећитеља недостојна
Нејасност у насртају
Грозничавом

Нежно разбокорен
Отпоздравља утопљеник
Маштару цвокотавом

Без прамена почасти
Ускомешана хумка
Скровита

Не разазнаје гневни
Да пржи
Неподкупљива
Сажета варница речника

Извејаваш
Анђелу недовршени
У години страдалних
Пречутаних
Од нас непосечених
Горких

Окрећемо се
Костију кртих
Шупљикавих
Недостојно поседованих

Затечени светлом
Удове размењујемо

Једни другима жалфију
Из очних дупљи беремо

Док штитимо се
Оградом ребара

Срцем пакостимо

Погнуто
Насупрот звекету
И злату

Са бусеном древним
У грлу

Стрехо
Од прамења сутонског

Обневидела је Колевка
Трошна

Под пазухом
Жеравице
Умножаваш

Ничим уоквирен
Сумрак налакћен
Слепа годишња доба
Доцртава

(Дрхтуре
Ризоми нежни
Под руком тамног Баштована)

Однекуд
Светиљка праштања
Прамајчински
Прихвата стопе
Праштаве

У пустињи превратничкој
Језгровитој

Покровитељу

Под косим одронима сете
Заборављени

У залисцима ватре
Овострану
Махуну распуклу
Назиремо

У претходници
Истинских Спора
Духа

Надзирачу

Ти жањеш све ближе
Срцу
У сусрет

Једино роса је
На челу
Првородна

У несигурном свитању
Подарених нам ћелија

Незадрживо клизећи
Низ савршену облину
Очаја

Припијам се
Храпавим срцем

Влати
Анђеоска

Поречена

Рубно проречен

Искрзан безгласно
У једноставности припадања

Тешко омеђена
Испарљива локва срца
Неравномерно набрана

Кроз прорез
Испијена у предвечерје
Назируће

Безнадно

Усправно маглен

Издубљен

Таручи се о срце
Непрепознато

Меко поринуто

Ка молитви ишибаној

Још живо
Изврнуто

Свевидећи унаоколо

Молитвено саће предсказања
Прободено

Кроз жамор
Ноћно искапљено

Дубоко и модро
Туђ облости

Срцем препешачене
Дине

Очајнички несамерљиве

У чвору трпљења
Зимљиво присутан

Пупољак

Низ матицу
Врвећа
Икра неискрена

Порекнута зрелост

Бдијућа
Каменована топлина
У облик неискрено брушен
Залутала

У устима мртвих
Лебди спокојно
Паучинасто поподне

Несводиво

Једноћелијски искрено
Згуснуто извојевано

Излистано
Овострано зацељено

Непризнато слуху
Трепљасто засужњено

Избатинана
Тешко разумљива
Узмичућа говорљивост

У оку сажиман
Изједен врх леденице

Слузави исцедак светла
Као нада
Једина

У шикари
Слога доведеног
Ненаоружаног
Уснама угашено
Угљевље
Пегаво срочено

Ослепело
Најдубље настањиво

Подзидано

Осипа се
Клонуло
Доба поруге
Без јасног кључа

Котрљајућа
Бремента махуна претње

Располућено зрно
У сенци штита
Смекшава

Ускрснуће шумова
Кроз незацељену опну
Тишине
Неосвојиво изаткане

Не
Материја

Оно непреточиво

Треперење

Стишава се
Бег злата

Узалуд знамење чисто
Усађено

Рђа споро праскозорје
Звоном разгрнуто

Подлегла
Крта вечност
Бескућно осунчана

Неодлучна
Разливена успаванка
У земљу увире

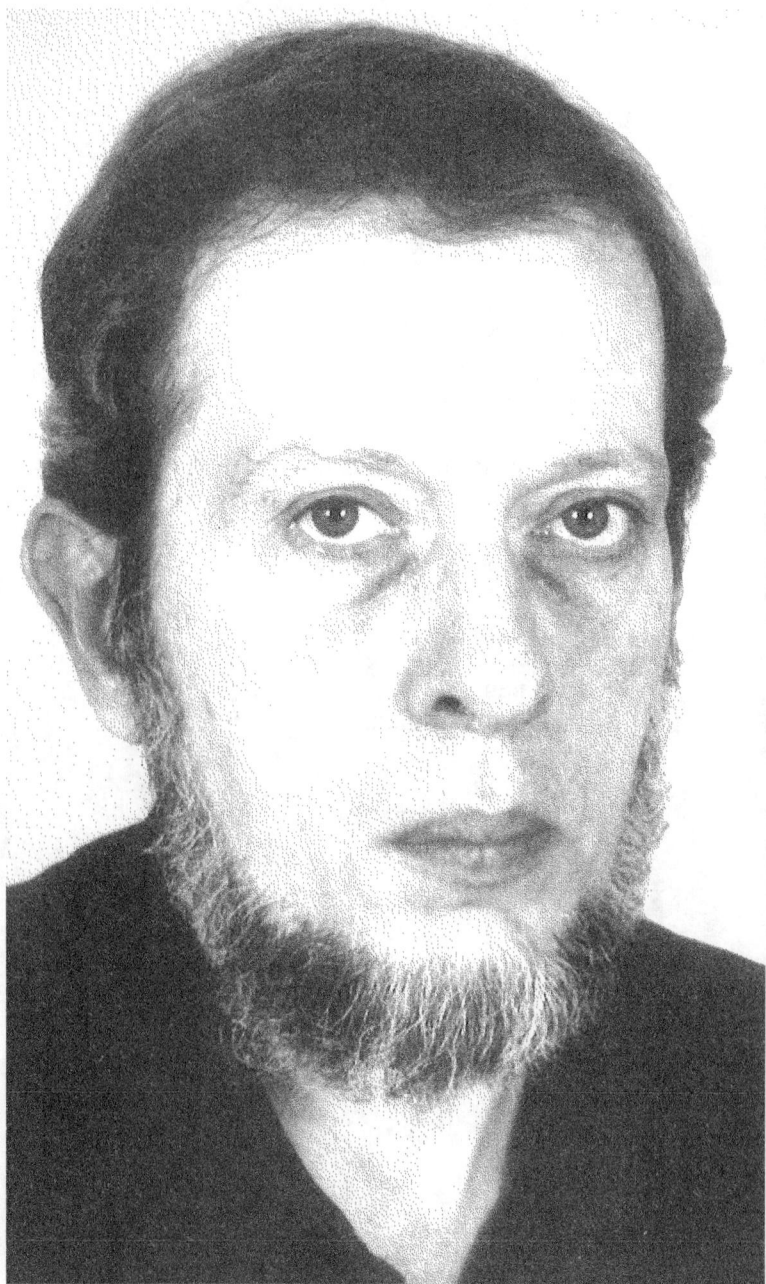

О ПИСЦУ

Милорад Ђапић је рођен 29. јануара 1955. године у Јапцу, и данас ради у шабачкој библиотеци.

Објављивао је песме у давном часопису *Дело* и у некадашњој *Књижевној речи*.

Милорад Ћапић
ЧЕСТИЦЕ

∗

Главни уредник
НОВИЦА ТАДИЋ

∗

Лектор и коректор
МИРОСЛАВА СТОЈКОВИЋ

∗

Издавач
ИП РАД
Београд, Дечанска 12

∗

За издавача
СИМОН СИМОНОВИЋ

∗

Штампа
Јован, Београд

CIP – Каталогизација у публикацији
Народна библиотека Србије, Београд

886.1-1

ЂАПИЋ, Милорад

    Честице : песме / Милорад Ђапић. – Београд : Рад, 2001 (Београд : Јован). – 61 стр. ; 21 cm.

ISBN 86-09-00733-2
ИД=90696716